Die Wonderbaarlike Krag van Seën

Richard Brunton

Die Wonderbaarlike Krag van Seën
Gepubliseer deur Richard Brunton Ministries
Nieu-Seeland

© 2022 Richard Brunton

ISBN 978-0-473-62493-4 (Sagteband)
ISBN 978-0-473-62494-1 (ePUB)
ISBN 978-0-473-62495-8 (Kindle)
ISBN 978-0-473-62496-5 (PDF)

Redigering:
Spesiale dank aan
Joanne Wiklund en Andrew Killick wat die inhoud
meer leesbaar gemaak het as wat dit andersins sou wees!

Produksie & Setwerk:
Andrew Killick
Castle Publishing Services
www.castlepublishing.co.nz

Omslagontwerp:
Paul Smith

Aanhalings uit die Skrif volgens
die 1953- en 1983-vertaling van Die Bybel in Afrikaans.
(Die AOV en ANV.)

ALLE REGTE VOORBEHOU

Geen gedeelte van hierdie publikasie mag gereproduseer
of in enige vorm deur enige elektroniese of meganiese middel
weergegee word nie, hetsy deur fotokopiëring, skyf- of bandopname
of enige ander stelsel vir inligtingsbewaring of -ontsluiting,
sonder vooraf en skriftelike verlof van die uitgewer nie.

INHOUD

Voorwoord	5
Inleiding	9
Deel Een: Waarom Seën?	**13**
Die Insig	15
Die Mag van Ons Woorde	19
Vanaf Goeie Woorde tot Seën: Ons Roeping	22
Wat is Christelike Seën?	24
Ons Geestelike Gesag	27
Deel Twee: Hoe Doen Ons Dit?	**35**
Enkele Belangrike Beginsels	37
Lewe Sonder Vuil Praatjies	37
Laat die Heilige Gees Jou Lei	37
Seëning Onderskei van Voorbidding	38
Moenie Oordeel Nie	39
'n Voorbeeld	40
Moeilike Situasies	42
Seën Wie jou Beswadder of Vloek	42

Seën Wie Jou Seermaak of Verwerp	43
Seën Wie Jou Uitlok tot Woede	46
Seën, Pleks van Onsself Vervloek	49
Identifiseer en Verbreek Vloeke	49
Seën jou Mond	52
Seën Jou Denke en Gedagtes	53
Seën Jou Liggaam	54
Seën Jou Huis, Huwelik en Kinders	59
'n Vaderlike Seën	67
Seën Ander Deur die Profetiese te Openbaar	73
Seën Jou Werkplek	74
Seën 'n Gemeenskap	77
Seën die Grond	79
Seën die Here	80
Finale Woord van 'n Leser	81
Finale Woord van die Skrywer	82
Toepassings	83
So word jy 'n Christen	85

VOORWOORD

Lees gerus hierdie boekie met die kragtige boodskap daarin – dit sal jou verander!

Richard Brunton het een môre terwyl ons ontbyt eet, met my gedeel wat God oor die krag van seën aan hom geopenbaar het. Ek is onmiddellik getref deur die groot impak wat dit in die lewe van ander sou kon hê.

Ek het sy boodskap verfilm en by ons kerk se mannekamp vertoon. Die mans daar het gedink dit is so goed dat hulle daarna wou hê die hele kerk moes dit hoor. Mense het dit in elke aspek van hul lewe begin uitleef en ons het as gevolg daarvan verbasende getuienisse aangehoor. Een sakeman het vertel sy besigheid het binne twee weke van "niks nie, tot 'n wins" gegroei. Ander is fisies genees nadat hulle hul liggaam begin seën het.

Al hoe meer geleenthede om hierdie boodskap oor te dra, het begin opduik. Toe ek in Kenia en Uganda moes optree by 'n Gathering of the Generals (waar pastore van die kerk byeenkom om te leer en hul kennis te verfris), het Richard my op die reis vergesel en 'n sessie oor seën waargeneem. Die boodskap het deur diepgewortelde leegheid en pyn gedring. Die meeste mense in die gehoor is nog nooit deur hul pa geseën nie en toe Richard in daardie rol daar staan en hulle seën, was talle in trane. Hulle het nie net emosionele en geestelike bevryding beleef nie, maar ook 'n onmiddellike verandering in hul lewe.

Noudat ek weet hoe om ander te seën, het my lewe so verander dat ek soek vir geleenthede om te seën "in woord en daad" deur wat ek sê en doen. Jy sal hierdie boekie geniet, en indien jy dit op jou lewe toepas, sal jy ruim en oorvloedig vir die Koninkryk van God vrug dra.

Geoff Wiklund
Geoff Wiklund Ministries,
Voormalige Voorsitter van Promise Keepers,
Auckland, Nieu-Seeland

God het Richard geseën deur aan hom te openbaar watter krag dit het om iemand anders te seën. Ek glo dit is 'n Goddelike openbaring vir ons tyd.

Richard leef sy boodskap so geloofwaardig uit dat ander onmiddellik daarby aansluiting vind.

As gevolg daarvan het ons Richard genooi om op alle geleenthede van ons Promise Keepers-manne te praat. Die impak was geweldig kragtig en het talle se lewe verander.

Die gedagte van seënspreking het mense op die Promise Keepers-geleenthede aan die hart gegryp. Daar was 'n buitengewone positiewe reaksie op hierdie belangrike lering van seën, benediksie en ook die krag van "goeie woorde". Heelwat van die mans is nog nooit werklik geseën of het ooit iemand anders geseën nie. Nadat hulle Richard se boodskap gehoor en hierdie boek gelees het, is hulle waarlik geseënd en toegerus om ander in die Naam van die Vader, die Seun en die Heilige Gees te seën.

Ek prys Richard en hierdie boek oor *Die Wonderbaarlike*

Krag van Seën aan as 'n kragtige manier om die volheid van God se seën oor ons gesinne, gemeenskap en nasie te openbaar.

Paul Subritzky
Voormalige Nasionale Direkteur van Promise Keepers
Auckland, Nieu-Seeland

INLEIDING

Almal luister graag na opwindende nuus, maar die beste is wanneer jy dit self vertel!

Toe ek die waarde daarvan ontdek om iemand te seën, het ek gevoel soos die man in die Bybel gelykenis wat in die veld op 'n skat afgekom het. Met opwinding het ek my gedagtes en ervarings gedeel met pastoor Geoff Wiklund wat toe gevra het dat ek die mans van sy kerk in Februarie 2015 op 'n kamp toespreek. Hulle was so beïndruk, hulle wou hê die hele gemeente moes die boodskap hoor.

Ek het toe in die kerk gepraat waar Pastoor Brian France van Charisma Christian Ministries, en Paul Subritzky van Promise Keepers NS, juis die dag teenwoordig was. Dit het daartoe gelei dat ek my boodskap aan Charisma in Nieu-Seeland en in Fidji kon bring, asook aan die lede van Promise Keepers. Baie het dit aangegryp en met uitstekende gevolge daar en dan begin toepas. Volgens sommige het hulle nog nooit tevore enigiets oor hierdie aspek van die Koninkryk van God gehoor nie.

Die prediking oor seën het al gewilder geraak – sê God dan nie dat jou gawe vir jou deure sal oopmaak nie? Teen die einde van 2015 het ek pastoor Geoff na Kenia en Uganda vergesel. Hy het dienste gehou vir honderde pastore op die Gathering of the Generals, 'n jaarlikse geleentheid om aan die afgevaardigdes inspirasie en ondersteuning te bied. Geoff het gevoel my boodskap en seën sou hulle bemoedig. Soos dit inderdaad geblyk het. Nie net die pastore nie, maar ook ander sprekers uit Amerika, Australië en Suid-Afrika het gereken ek bring 'n kragtige boodskap en my aangemoedig om dit na veel meer mense uit te dra.

Ek wou nie 'n webwerf aanpak en aan die gang hou en ook nie 'n diepgaande boek skryf terwyl daar reeds uitstekende werke bestaan nie. Die boodskap van seën is uiters eenvoudig – maklik om toe te pas – en ek wou dit nie oor-ingewikkeld maak nie, derhalwe hierdie boekie.

In die boekie haal ek aan uit *The Power of Blessing* deur Kerry Kirkwood, *The Grace Outpouring: Becoming a People of Blessing* deur Roy Godwin en Dave Roberts, *The Father's Blessing* deur Frank Hammond, asook Maurice Berquist se *The Miracle and Power of Blessing*. Ek put sekerlik ook uit wat ek by ander geleer het, asook uit ander boeke, maar die kennis het deur die jare versmelt geraak met my eie ervaring.

Vir enigiemand wat die krag van seën ontdek en dit begin uitleef, wag daar 'n heel nuwe leefwyse. Ek seën deesdae byna elke dag iemand – gelowiges sowel as ongelowiges – in kafees, restaurante, hotelle, wagkamers en selfs op straat. Ek het al weeskinders, weeshuis personeel, 'n lugwaardin in 'n vliegtuig, vrugteboorde, diere, beursies, besighede en mediese toestande geseën. En daar het al volwasse mans en vroue teen my borskas gehuil nadat ek hulle soos 'n pa geseën het.

Sover dit ongelowiges aangaan, vind ek dat hulle meer ontvanklik is vir: "Kan ek jou/jou besigheid/ jou huwelik, ensovoorts, seën?", as vir: "Kan ek vir jou bid?" Hierdie eenvoudige benadering, verwoord in liefdevolle besorgdheid, het inderdaad ná jarelange argumente een van my familielede na die liefde en reddende genade van Jesus Christus gelei.

Ek het nie altyd die voorreg om die gevolge van seën te sien nie maar daar was al genoeg getuienis wat my verseker dat seën lewens verander. Dit het ook myne verander.

Soos dit in God se aard is om te seën, is dit ook in ons geestelike DNA want ons is immers na Sy Beeld geskape. Die Heilige Gees wag dat God se volgelinge in die geloof en gesag van Jesus hul monde oopmaak en seën uitspreek sodat lewens kan verander.

Ek is seker jy sal hierdie boekie nuttig vind. Jesus het ons nie magteloos nagelaat nie. Die uitspreek van seëninge in allerlei situasies is 'n onderskatte geestelike genadegawe met die potensiaal om jou en ander se wêreld te verander.

Geniet dit.
Richard Brunton

DEEL EEN:

Waarom Seën?

DIE INSIG

My vrou Nicole kom van Nieu-Kaledonië, gevolglik moes ek leer Frans praat en het dikwels in haar geboortestad, Nouméa, tyd deurgebring. Hoewel die Nieu-Kaledoniese eilande grootliks Katoliek is, het ek gou gemerk dat baie mense ondanks hul geloof, steeds kontak met die "donkere" het. Mense besoek 'n medium, heldersiende of 'n *guérrisseur* maar besef nie dat hul eintlik met heksery besig is nie.

Ek onthou ek is saam met my vrou na 'n meisie – so in haar twintigs – wat kort nadat sy na een van hierdie "genesers" geneem is, in 'n inrigting vir geestelik versteurde of depressiewe pasiënte beland het. Toe ek agterkom sy is 'n Christen, het ek die demone in haar in die Naam van Jesus Christus beveel om haar te verlaat. 'n Katolieke priester het ook gebid en deur ons gesamentlike bediening is die meisie verlos en is sy kort daarna uit die inrigting ontslaan.

Van die ander mense het hul geloof as Katoliek aangegee, maar openlik standbeelde of artefakte van ander gode uitgestal. Ek het een so 'n persoon ontmoet wat gedurig las van maagprobleme gehad het. Eendag sê ek toe vir hom ek is oortuig sy maagprobleme sal ophou sodra hy ontslae raak van die groot Boeddha voor sy huis wat heelnag verlig is. Boonop moes sommige van die artefakte wat hy versamel het, ook verwyder word. Hy het vasgeskop – hoe op aarde kan "dooie" dinge hom siek maak? Toe ek hom enkele maande daarna weer raakloop en oor sy maag uitvra, was sy antwoord half verleë: "Ek het uiteindelik jou raad gevolg en van die Boeddha ontslae geraak. My maag is nou piekfyn."

By 'n ander geleentheid is ek gevra om na die huis van 'n vrou met kanker te gaan. Voordat ek begin bid het, het ek voorgestel dat hulle die standbeelde van Boeddha uit hul sitkamer wegneem. Haar eggenoot het dit onmiddellik gedoen. Terwyl ek vervloekinge oor haar verbreek en demone beveel het om in die Naam van Jesus te wyk, het sy vertel hoe 'n ysige gevoel van haar voete af deur haar lyf trek tot by haar kop uit.

Met hierdie dinge in gedagte, lewer ek toe 'n praatjie oor "vloeke" vir 'n gebedsgroep wat ek en my vrou in ons Nouméa woonstel begin het. Die praatjie was gebaseer op die werk van Derek Prince, 'n beroemde 20ste-eeuse Godgeleerde. Terwyl ek my boodskap in Frans voorberei, tref dit my dat hulle word vir vloek *malédiction* is, en vir seën *bénédiction*. Hierdie woorde beteken in hul kern "sleg praat" en "goed praat".

Wanneer ek vloek en seën vergelyk het, het ek vloek altyd as donker, swaar en gevaarlik ervaar maar seën as positief maar heel liggewig gesien. Ek het ook al praatjies oor vervloeking gehoor maar nog nooit oor seën nie – wat waarskynlik tot my siening bygedra het. Ek het ook nog nooit gehoor dat iemand 'n ander met werklike doelgerigtheid en impak seën nie. Eintlik was Christene se seën grootliks iets soos die Engelse: "Bless you," wanneer iemand nies, of om "Seënwense," onderaan 'n brief of e-pos te skryf – sommer uit gewoonte eerder as doelgerig.

Toe ek later nadink oor die woorde wat ook in Engels "malediction" en "benediction" is, tref dit my dat indien "sleg praat" iets kragtigs is, moet "goed praat" minstens net so kragtig, en met God se hulp, baie kragtiger wees!

Hierdie besef, tesame met ander insigte waaroor ons later sal gesels, het my gelei om die *krag* van seën te ontdek.

DIE MAG VAN ONS WOORDE

Omdat ek nie wil herhaal wat talle goeie boeke oor die mag van ons woorde sê nie, volg hier eerder 'n opsomming van wat ek glo op hierdie gebied uiters belangrik is.

Ons weet:

> *Die tong het mag oor dood en lewe; en dié wat lief is om te praat, sal die gevolg dra. (Spreuke 18:21)*

Woorde bevat geweldige krag – hetsy positief en opbouend, of negatief en afbrekend. Elke keer wat ons iets sê (en met ons stemtoon ekstra trefkrag aan ons woorde gee), spreek ons lewe of dood uit oor diegene wat ons hoor, asook oor onsself. Voorts weet ons dat:

> *Waar die hart van vol is, loop die mond van oor. Die goeie mens bring die goeie te voorskyn uit die oorvloed goeie dinge in sy hart; die slegte mens bring die slegte te voorskyn uit die oorvloed slegte dinge in sy hart. (Matthéüs 12:34-35)*

Daarom bring 'n kritiese hart 'n kritiese tong voort; 'n selfvoldane hart 'n veroordelende tong; 'n ondankbare hart 'n klaende tong; ensovoorts. Net so dra 'n wellustige hart die ooreenstemmende vrug. Die wêreld is vol negatiewe woorde. Die media spoeg dit dag ná dag uit. Die mens is van nature nie geneig om mooi dinge oor ander of hul omstandighede te sê nie. Skynbaar is dit nie vir ons iets wat ingebore is nie. Ons wag dikwels tot iemand oorlede is voor ons hom of haar aanprys. Nogtans sê die Skrif dat 'n oorvloed van goeie dinge spruit uit 'n liefdevolle hart wat met 'n genadige tong praat; 'n vredeliewende hart spreek met 'n tong wat wil versoen; en so aan.

Die Bybelvers wat gaan daaroor dat mense wat lief is vir praat sal die "vrugte daarvan dra" beteken dat ons sal maai wat ons saai – hetsy of dit goed of sleg is. Met ander woorde, jy sal kry wat jy sê. Hoe voel jy daaroor?

Dit geld vir alle mense, ongeag of hulle Christene is of nie. Sowel 'n Christen as nie-Christen kan woorde van lewe en opbou uiter – albei kan byvoorbeeld sê: "Seun, jy het 'n wonderlike hut gebou. Jy sal eendag 'n uitstekende bouer of argitek kan word. Veels geluk."

'n Wedergebore Christen het egter 'n *nuwe* hart. Die Bybel noem ons "nuwe mense" (2 Korintiërs 5:17). Daarom behoort ons as Christene meer *goed* en minder *sleg* te praat. Jy kan maklik in negatiwiteit verval as jy nie versigtig op jou gedagtes en woorde let nie. Sodra jy bewustelik daaraan begin aandag gee, sal jy verstom wees oor hoe dikwels Christene – selfs onwetend – hulself en ander vervloek. Later meer daaroor.

VANAF GOEIE WOORDE TOT SEËN: ONS ROEPING

As Christene, met die lewe van die Here Jesus wat deur ons vloei, kan ons meer doen as om net goeie dinge te sê. Ons kan met ons woorde mense of situasies opbou met seën – trouens, ons is geroepe om dit te doen. Moontlik is seën ons groot roeping. Onthou:

Wees almal eensgesind, medelydend, vol broederliefde en ontferming, vriendelik. Vergeld geen kwaad met kwaad of skeldwoorde met skeldwoorde nie, maar seën inteendeel, omdat julle weet dat julle hiertoe geroep is, sodat julle seën kan beërwe. (1 Petrus 3:8-9 AOV)

Ons is geroepe om te seën en om geseën te word.

God se eerste woorde aan Adam en Eva was 'n seën:

Toe het God hulle geseën: "Wees vrugbaar,

word baie, bewoon die aarde en bewerk dit…"
(Genesis 1:28)

God het hulle geseën sodat hulle vrugbaar kon wees. Om te seën is een van God se kenmerke, dit is wat Hy doen! En soos God – eintlik deur Hom – het ons ook die gesag en krag om ander te seën.

Ook Jesus het geseën. Die laaste wat Hy gedoen het net voor Hy na die hemel sou opvaar, was om sy dissipels te seën:

Daarna het Hy hulle uit die stad uitgelei tot by Betanië. Daar het Hy Sy hande opgehef en hulle geseën. Terwyl Hy hulle seën, het Hy van hulle af weggegaan en is Hy in die hemel opgeneem.
(Lukas 24:50-51)

Jesus is ons rolmodel. Hy sê ons moet in Sy Naam doen wat Hy gedoen het. Ons is deur God geskape om te seën.

WAT IS CHRISTELIKE SEËN?

In die Ou Testament is die woord "seën" in die Hebreeus *barak*. Dit beteken gewoon "om volgens die wil, die bedoeling van God te spreek".

In die Nuwe Testament is die woord vir "seën" die Griekse *eulogia* waarvan die Engelse woord "eulogy" oftewel "lofspraak" kom. Prakties gesproke beteken dit dus om "goed te praat" of "om die goedheid en guns van God" oor iemand uit te spreek.

Bogenoemde is die definisie van seën wat ek in hierdie boek gebruik. Om te seën is om die guns en goedheid van God oor iemand of oor 'n bepaalde situasie uit te spreek.

God het in Sy Alwysheid besluit om grootliks Sy werk op aarde te laat geskied deur Sy volgelinge. Dit is hoe Hy Sy koninkryk na die aarde bring. Daarom verwag Hy ons moet namens Hom seën. Dus kan ek as

Christen in die Naam van Jesus God se guns en goedheid oor iemand of oor 'n situasie uitspreek. Indien ek dit in geloof en liefde doen, versterk die krag van die hemele my woorde en kan ek vertrou dat God dinge sal verander van hoe dit is na hoe Hy dit wil hê. Wanneer ek iemand doelgerig in liefde en geloof seën, baan ek die weg vir God om Sy planne vir daardie persoon in werking te stel.

Aan die ander kant kan 'n persoon doelgerig, hoewel gewoonlik in onkunde, satan se wil oor 'n ander uitspreek. Soms selfs oor hulself. Dit stel demoniese magte dan in staat om hulle planne deur die person te aktiveer – seermaak, steel, doodmaak en vernietig. Maar loof God:

> …omdat Hy (Jesus) wat in julle is, groter is as hy wat in die wêreld is. (1 Johannes 4:4 AOV)

Seën kom uit die diepste van God se liefdevolle Vaderhart, uit Sy wese! God se begeerte om te seën is werklik mateloos. Niks kan Hom keer nie. Hy is vasbeslote om die mensdom te seën, want Hy begeer vir Jesus talle broers en susters – dis ons! Maar hoewel dit God se wese is om die mensdom te seën, begeer Hy selfs nog meer dat Sy volgelinge mekaar seën.

Wanneer ons in Jesus se Naam seën, is die Heilige Gees altyd in en by ons omdat ons iets doen van wat die Vader doen – ons sê die woorde wat die Vader wil uitspreek. Die waarheid hiervan verstom my steeds. Wanneer ek iemand seën, is die Heilige Gees daarmee gemoeid – Hy raak die ander persoon aan, liefde word uitgestort en alles verander. Dikwels gee iemand my daarna 'n druk, of huil en sê: "Jy weet nie hoe betyds en kragtig dit was nie." Of: "Jy weet nie hoe nodig het ek dit gehad nie."

Daar is egter iets baie belangriks waarop jy moet let: Ons seën vanuit ons intimiteit met God, vanuit Sy teenwoordigheid. Ons geestelike nabyheid aan God is die allerbelangrikste kernfaktor wanneer ons seën. Ons woorde is Sy woorde wat gesalf is met Sy mag, om Sy liefdevolle wil vir daardie peroon of situasie te bewerkstellig. Maar kom ons gaan eers 'n bietjie terug om te verduidelik…

ONS GEESTELIKE GESAG

In die Ou Testament moes die priesters vir die volk voorspraak doen en hulle seën.

> *So moet julle sê wanneer julle die Israeliete seën:*
> *Die Here sal julle seën en julle beskerm;*
> *die Here sal tot julle redding verskyn*
> *en julle genadig wees;*
> *die Here sal julle gebede verhoor en aan julle vrede gee!*
> *So moet die priesters my Naam oor die Israeliete uitroep, en Ek sal hulle seën. (Numeri 6:23-27)*

In die Nuwe Testament word ons as Christene genoem:

> *'n Uitverkore volk, 'n koninklike priesterdom, 'n nasie wat vir God afgesonder is, die eiendomsvolk van God, die volk wat die verlossingsdade moet*

> *verkondig van Hom wat julle uit die duisternis geroep het na Sy wonderbare lig. (1 Petrus 2:9)*

En Jesus:

> *...(het) ons Sy koninkryk gemaak, priesters vir God Sy Vader... (Openbaring 1:6)*

'n Ruk gelede sit ek op Ouen Toro, 'n uitsigpunt in Nouméa, en dink na oor 'n boodskap om aan 'n gebedsgroep te bring. Ek kon aanvoel God sê: "Jy weet nie wie jy is nie." En 'n paar maande later: "As jy net kon besef hoeveel gesag jy in Christus Jesus het, sou jy die wêreld verander." Elk van hierdie boodskappe was vir 'n bepaalde groepie bedoel maar, soos ek later sou besef, ook vir my.

Ek dink dit is miskien reeds in Christelike kringe bekend dat dit meer effektief is om 'n siekte of toestand ('n "berg" volgens Markus 11:23) *direk aan te spreek en genesing uit te roep* as om te bid en te vra dat God dit moet doen (Matthéüs 10:8; Markus 16:17-18). Ons het krag en gesag gekry om namens Jesus heling te spreek. Dit is my ervaring hiermee en word bevestig deur talle bekendes wat aktief en met sukses in genesing- en verlossing bediening werk. Ek glo Jesus sê in werklikheid: "Genees *julle* die siekes (in my Naam). Dit is nie *My* werk nie, maar *julle s'n. Doen julle dit.*"

God wil genees en Hy wil dit deur ons doen. God wil verlos van vloeke en verdrukking deur die bose, en Hy wil dit deur ons doen. God wil seën en Hy wil dit deur ons doen. Daar is twee benaderings tot genesing. Ons kan God vra om te seën. Of ons kan self in die Naam van Jesus seën.

Ek het 'n paar jaar gelede eendag vroeg werk toe gegaan om my onderneming te seën. Ek het begin met: "God, seën Colmar Brunton." Dit het so flou geklink. Toe verander ek dit – aanvanklik bietjie huiwerig – na:

*Colmar Brunton, ek seën jou in die Naam van
die Vader, die Seun en die Heilige Gees.
Ek seën jou in Auckland, ek seën jou in
Wellington, en ek seën jou in die takke.
Ek seën almal by die werk en tuis.*

> *Ek roep die Koninkryk van God oor hierdie plek uit.*
> *Kom, Heilige Gees, U is hier welkom.*
> *Ek laat U liefde, vrede en geduld hier heers, asook vriendelikheid en goedhartigheid, getrouheid, selfbeheersing en eensgesindheid.*
> *In die Naam van Jesus stel ek vanuit die Koninkryk van God idees vry wat ons kliënte help om te sukses behaal en van die wêreld 'n beter plek maak.*
> *Ek stel vir die kliënte 'n gunstige mark vry.*
> *Ek stel gunstige indiensneming vry.*
> *Ek seën ons visie:*
> *"Beter Besigheid, 'n Beter Wêreld".*
> *In Jesus naam, amen.*

Ek het gevoel ek word gelei om die teken van die kruis by ons ingang te maak en geestelik die beskerming van die bloed van Jesus oor die besigheid aan te wend.

Op die oomblik toe ek gesê het "Ek seën Colmar Brunton in die Naam van die Vader, die Seun en die Heilige Gees," eerder as net "God seën Colmar

Brunton," kon ek voel God salf my – ek kon God se vreugde en bevestiging aanvoel. Dit was asof Hy sê: "Mooi so, seun, dis wat Ek wil hê jy moet doen." Deesdae het ek dit al honderde kere gedoen – en ek kan telkens God se vreugde daaroor aanvoel. En die gevolge? Die atmosfeer op kantoor het verander, so blitssnel dat mense openlik daaroor praat en wonder waarom alles so anders is. Dit was werklik verstommend! Om te seën kan werklik ons wêreld verander.

Ek het egter nie daar opgehou nie. Wanneer ek vroegoggend in die leë kantoor by die stoel kom van iemand wat vir 'n bepaalde situasie insig of wysheid moes kry, sou ek dié persoon seën deur my hande op die stoel te lê in vertroue dat 'n salwing van seën die persoon aanraak wanneer hulle daar sit (Handelinge 19:12). In gevalle waar ek bewus was van iemand se spesifieke behoeftes, sou ek daarvoor seën.

Ek onthou veral 'n persoon wat alewig godslasterlik was deur God se Naam as kragwoord te gebruik. Toe lê ek een môre my hande op sy stoel en bind die gees van godslastering in die Naam van Jesus. Na verskeie seën sessies moes die bose gees wat daaragter gesit het, die knie buig voor 'n sterker mag en het godslastering in die werkplek uit die man se woordeskat verdwyn.

Ek onthou ook iemand anders wat wou hê ek moes vir hom bid sodat God hom kon wegneem van sy werkplek omdat almal daar so godslasterlik gepraat het. My mening was egter dat hierdie man daar was om sy werkplek te seën en die atmosfeer te verander! Ons kan ons wêreld verander.

Al begeer God om die mensdom te seën, het ek tot die besef gekom dat Hy nog meer begeer dat ons – Sy volk, Sy kinders – dit moet doen. Jy besit geestelike gesag. *Jy seën!*

Ons hemelse Vader verwag dat ons aan Sy verlossingswerk *deelneem, met Hom saamwerk*. Soos ons mense seën met genesing en verlossing van die bose, kan ons ook hulle lewens seën met ons woorde. Ons as gelowiges is die mense wat God wil gebruik om die wêreld te seën. Wat 'n voorreg en verantwoordelikheid!

Vir my is seën dus die spreek van die wil van ons liefdevolle Vader God vir mense se lewens – dat Sy bedoeling vir die lewe of situasie van mense verwesenlik word. Die persoon wat seën is gevul met die Heilige Gees se gesag en mag, en spreek seën met liefde, met sensitiewe ingesteldheid en fokus. Wanneer ons God se wil vir 'n mens se lewe seën spreek, stel ons God se mag vry om die huidige stand van sake te verander na hoe Hy dit wil hê.

En onthou: Ons word geseën omdat ons seën.

DEEL TWEE:

Hoe Doen Ons Dit?

ENKELE BELANGRIKE BEGINSELS

Lewe Sonder Vuil Praatjies

Uit dieselfde mond kom lof en vloek. My broers, so moet dit nie wees nie. (Jakobus 3:10)

God beskou skinderpraatjies en slegpraat van ander as vloeke wat uitgespreek word.

As wat jy sê, waarde sal hê en nie onsin sal wees nie, sal jy weer namens My kan praat. (Jeremia 15:19b)

Wanneer jy iemand seën, vermy leë, nuttelose woorde en uitdrukkings.

Laat die Heilige Gees Jou Lei

Inspireer jou eie gees deur lofprysing of deur in tale

te praat. Vra dan die Heilige Gees om jou die Vader se liefde te laat aanvoel vir die een wat jy wil seën. En bid iets soos:

Vader, wat wil U hê moet gesê word? Skenk my asseblief 'n woord van seën vir hierdie persoon. Hoe kan ek hom of haar bemoedig en vertroos?

Seëning Onderskei van Voorbidding
Vir die meeste mense is dit redelik moeilik om te leer seën. Wanneer hulle probeer seën slaan hul gewoonlik oor na "voorbidding doen" – hulle vra dus die Vader om 'n ander te seën. Al is dit 'n goeie ding om te doen, is dit nie seën nie maar eintlik 'n gebed. Dit is belangrik om die verskil tussen seën en voorbidding gebed te leer ken. Om seëninge uit te spreek of te verklaar, vervang nie gebed en voorbidding nie, maar gaan daarmee saam – dit behoort dan ook gereeld saam te gebeur.

Die skrywers Roy Godwin en Dave Roberts stel hierdie aspek baie goed in hul boek *The Grace Outpouring* (Vrylik vertaal):

Wanneer ons seën, kyk ons iemand in die oë (indien die persoon by jou is) en praat direk met hom of haar. Dan sê ons byvoorbeeld: "Ek seën jou in die Naam van die Here dat die genade en guns van Here Jesus op jou rus. Ek seën jou in Jesus se Naam dat die Vader se liefde jou mag omring en vul, dat jy in jou diepste wese sal verstaan presies hoe Hy jou ten volle lief het en aanvaar en Hom oor jou verheug."

Let op die persoonlike voornaamwoord "Ek". Dit is ek wat die persoon regstreeks in die Naam van Jesus seën. Ek het nie tot God daarvoor gebid nie, maar 'n seën verklaar volgens die gesag wat Jesus aan ons gee om seëninge oor mense uit te roep sodat Hy hulle dan kan kom seën.

Moenie Oordeel Nie

Moenie oordeel of iemand verdien om geseën te word, of nie. Om iemand of iets opreg te seën, beskryf die wyse waarop God hulle sien. God fokus nie op hoe iemand se foute en tekortkominge tans voorkom nie, maar eerder hoe iemand veronderstel is om te wees.

God het Gideon byvoorbeeld 'n *"dapper man"* (Rigters 6:12) genoem op 'n tydstip wat hy allermins een was! En Jesus het Petrus 'n *"rots"* (Matthéüs 16:18) genoem nog voordat hy die "skouers" gehad het om die rots van die toekomstige kerk te wees. Verder lees ons *"God … wat dooies lewend maak en dinge wat nie bestaan nie, tot stand bring deur Sy woord* (Romeine 4:17). Indien ons dit verstaan, sal dit wegdoen met ons neiging om te oordeel of iemand verdien om geseën te word al dan nie.

Trouens hoe minder iemand *verdien* om geseën te word, hoe nodiger het hy of sy dit. Diegene wat onverdienstelikes seën, ontvang op hul beurt die grootste seën.

'n Voorbeeld
Gestel iemand met die naam Fred het 'n drankprobleem. Fred se vrou is ongelukkig daaroor, dus bid sy iets soos: *"God, seën vir Fred. Gee dat hy ophou drink en*

na my luister." Tog sal dit veel kragtiger wees om iets te sê soos:

> *Fred, ek seën jou in die Naam van Jesus. Mag God se planne vir jou lewe vervul word. Mag jy die man word, die eggenoot, en vader wat God beplan het. Ek seën jou om van verslawing bevry te word. Ek seën jou met die vrede van Christus.*

Die eerste seën laat die probleem aan God oor. Dit verg geen moeite nie, is eintlik lui. Dit is selftevrede en veroordelend, en fokus op Fred se sondes.

Die tweede seën vereis meer nadenke en liefde. Dit is nie veroordelend nie en fokus eerder op Fred se potensiaal as op sy huidige toestand. Ek het onlangs iemand hoor sê satan ken elkeen se naam en potensiaal, maar roep ons deur ons sonde, terwyl God ons sonde ken, maar ons by die naam en volgens ons potensiaal roep. Daarom is die tweede seën in harmonie met God se planne en wil. Dit weerspieël God se reddende hart. Onthou, God het Fred lief.

MOEILIKE SITUASIES

Ek is steeds besig om meer van seën te leer. Aanvanklik het ek nie geweet hoe om te seën en kon nie veel vind wat my kon help nie. Boonop het ek gou besef daar is talle verskillende situasies, daarom bied ek jou 'n paar voorstelle. Pas hulle aan by elke besondere situasie en na gelang van wat jy glo die Heilige Gees wil hê jy moet sê. Dit neem oefening maar is die moeite werd.

Seën Wie jou Beswadder of Vloek
Jare gelede het 'n werknemer wat toe pas bedank het, by ons kom koffie drink om te groet. Sy het geglo in "New Age" se "innerlike godin" en dies meer. In die loop van ons gesprek vertel sy toe dat die laaste twee maatskappye waarvoor sy gewerk en waar sy bedank het, daarna bankrot is. Ek was op daardie tydstip nog nie lank 'n Christen nie, maar kon die dreigende vervloeking in haar woorde aanvoel. Dit het my enkele

oomblikke beangs laat voel, maar besluit toe om te weier om haar uitsprake te aanvaar met woorde wat ek hardop uitspreek. Met die kennis wat ek nou het moes ek oorgegaan tot die volgende stap en haar geseën het. Ek moes toestemming gevra het om te bid oor wat ek op die hart het, en kon iets gesê het soos:

> *Tia (nie haar werklike naam nie), ek bind die invloed van heksery in jou lewe. En seën jou in die Naam van Jesus. Ek verklaar die goedheid en liefde van God oor jou, en mag Sy wil vir jou lewe vervul word. Ek seën jou gawes, mag hulle jou volgende werkgewer tot seën wees en God verheerlik. Mag jy die wonderlike, Godvresende vrou wees wat Hy wil hê jy moet wees. In die Naam van Jesus, amen.*

Seën Wie Jou Seermaak of Verwerp
Op 'n dag moes ek bid vir 'n vrou met emosionele en finansiële probleme nadat haar man haar verlaat het. Ek vra toe of sy hom sou kon vergewe. Alhoewel dit vir haar bitter moeilik was, het sy tog daarin geslaag.

Toe vra ek of sy haar man sou kon seën. Sy was ietwat geskok, maar was gewillig om te probeer. Al was haar man nie self daar nie, het ek haar gelei om iets te sê soos:

Ek seën jou, my man. Mag al God se planne vir jou lewe en ons huwelik vervul word. Mag jy die man, die eggenoot en die pa word wat God bedoel het jy moet wees. Mag God se genade, liefde en guns met jou wees. In die Naam van Jesus, amen.

Dit was aanvanklik ongemaklik, maar toe het sy die Vaderhart aangevoel en God se salwing ervaar. Ons het albei gehuil toe die Heilige Gees haar aanraak – en ook haar man, glo ek. God se weë is nie ons weë nie.

Om in sulke pynlike situasies te seën is so dapper – selfs groots – en Christelik.

Dit is God se hart om die wat dit nie verdien nie te seën – dit is as't ware Sy spesialiteit. Dink maar aan die dief wat langs Jesus gekruisig is, of die vrou wat in owerspel betrap is. Wat van my en jou?

Om te seën is "onwêrelds" en druis teen ons intuïsie in, dis nie iets wat mens in 'n pynlike situasie van nature geneig is om te doen nie. Maar dit is in God se aard en kan heling bring vir sowel die een wat seën as die een wat geseën word. Dit bedwing die giftige vlaag bitterheid, wraak, gegriefdheid en woede wat andersins jou liggaam kan skaad en jou lewe verkort.

Ek het onlangs die volgende e-pos van Denis ontvang:

> *Ek praat sowat drie maande gelede met my broer oor die foon. Ons kommunikeer nie gereeld nie aangesien hy elders woon en werk.*
>
> *Ons gesels lekker en net voor ons groet, vra ek of hy sal omgee as ek die onderneming seën wat hy en sy vrou bedryf. Dit het egter nie goed afgegaan nie. Baie onbeskof sê hy toe dinge wat my erg ontstel en laat wonder of ons verhouding nou permanent geskaad is. Maar terwyl ek in die daaropvolgende dae en weke my alledaagse gang gaan, wend ek my toe tot die beginsels van die wonderbaarlike krag van seën en roep God se guns oor my broer se besigheid uit. Soms*

> *sommer twee tot drie keer per dag. Drie maande later bel my broer my toe op Oukersdag asof niks gebeur het nie. Sy vriendelike houding het my heel verstom en van bitterheid was daar geen spoor nie.*
>
> *Die wonderbaarlike krag van seën in omstandighede buite ons beheer werk waarlik ... Prys die Heer!*

Seën Wie Jou Uitlok tot Woede

Ons raak soms hoogs die hoenders in vir diegene wat in die verkeer selfsugtige, onbedagsame of ongeoorloofde dinge doen. Dit gebeur gedurig en kan lei tot on-Christelike gedagtes wat vinnig in lelike woorde kan ontsnap. In so 'n geval vloek ons op iemand wat deur God geskape is en wat Hy liefhet. Trouens, God is dalk aan daardie een se kant.

Probeer volgende keer eerder die ander motoris seën as om woedende woorde los te laat.

> *Ek seën daardie jong man wat voor my ingesny*

> *het. Ek stel U goedheid oor hom vry, asook al U planne met sy lewe. Ek seën hierdie jong man en verklaar dat hy sy potensiaal vervul. Mag hy veilig tuiskom en tot seën vir sy gesin wees. In Jesus se Naam, amen.*

Of meer informeel:

> *Vader, ek seën daardie motoris in die Naam van Jesus. Mag U liefde hom inhaal, hom vang en omvou!*

Een van my lesers se interessante opmerking:

> *Ek kom agter hoe ek verander het vandat ek ander seën. Ek kan byvoorbeeld nie iemand seën wat my irriteer en terseldertyd verkeerde gedagtes oor dié een koester – of selfs uiter – nie. Pleks daarvan hou ek dop vir die goeie wat uit die seën gaan vloei… – Jillian*

Op 'n keer het 'n vriend genaamd John my gevra om oor 'n familietwis rakende 'n erflating, te bid. Daar was 'n uitgerekte dispuut wat al hoe onaangenamer geword het. Ek stel toe voor dat pleks van bid, ons die situasie seën.

> *Ons seën in die Naam van Jesus die verdeling van die erflating met vrede, harmonie, regverdigheid en waarheid. Ons bind alle twis en verdeeldheid in Jesus se naam. Wanneer ons hierdie situasie seën, skuif ons ons eie gedagtes en begeertes opsy en laat God vry om Sy wil en plan met die verdeling van die erflating in werking te stel. In die Naam van Jesus, amen.*

Die saak is binne dae vriendskaplik geskik.

Ek hou baie van wat een van my ander lesers sê:

> *Ek is verstom oor die vinnige "reaksietyd" wanneer ek ander seën. Dit is asof die Heer net wag om blitsig in liefde uit te reik na mense as ons maar net seëngebede oor hulle wil vrystel. – Pastoor Darin Olson, Junction City, Oregon Nazarene Church*

Seën kan werklik ons wêreld verander.

SEËN, PLEKS VAN ONSSELF VERVLOEK

Identifiseer en Verbreek Vloeke
Dink net hoe algemeen is gedagtes soos: "Ek's lelik, ek's dom, ek's lomp, niemand hou van my nie, God sal my nooit kan gebruik nie, ek is 'n sondaar…" Satan laat ons soveel leuens glo.

Sogenaamde "onskuldige" uitdrukkings en idiome wat gereeld uitgespreek word kan vloeke wees wat jy onwetend oor jou liggaam spreek – bv. "Lag my morsdood"; "Dit maak my mal". Selfs idiome kan negatief wees – bv. na lag kom huil.

Let op negatiewe woorde en uitdrukkings wat jy miskien onnadenkend kwytraak. Een van my vriendinne spreek gereeld oor haarself. "Ag, jy's so dom, vroumens. Jy het al weer drooggemaak. Jy kan ook niks reg doen nie…"

Moenie hierdie vloeke herhaal of aanvaar nie! Wis dit uit, vee dit uit in Jesus se naam, met woorde wat jy hardop spreek. Seën jouself liewer.

Ek onthou 'n spesifieke situasie in 'n gebedsgroep toe ek agterkom daar hang 'n gees van nikswerd wees nie, oor 'n vrou wat wou hê ons moes vir haar bid. Terwyl ons bid, sê sy: "Ek is dom." En toe ek wou weet waar sy dit hoor, het sy geantwoord dis wat haar ouers altyd gesê het. Hoe tragies … en hoe algemeen.

Ek kon haar begelei met min of meer:

> *In die Naam van Jesus vergewe ek my ouers. Ek vergewe myself. Hiermee verbreek ek en wis uit my eie en my ouers se negatiewe woorde oor my. My verstand kom van Christus. Ek is slim.*

Ons het die gees van verwerping en waardeloosheid beveel om haar dadelik te verlaat, in Jesus se Naam. Daarop seën ek haar – dat sy God se prinses is, dat sy vir Hom kosbaar is en dat God haar gaan gebruik om ander te seën. En ook dat sy emosionele genesing en hoop aan ander bring. Ter slotte het ek haar met moed en daadkrag geseën.

Sy het stadig hierdie seën ingeneem. En toe begin straal. Die volgende week het sy vertel hoeveel goed dit haar gedoen het. Ons kan werklik ons wêreld verander.

Enigeen kan dit doen. Die Bybel is vol van God se plan en bedoelinge met die mens en ons kan hierdie bedoelinge oor ander uitspreek.

Ek wil nog 'n voorbeeld noem. Ek moes onlangs vir 'n vrou met buikpyn bid. Terwyl ek bid, het die Heilige Gees oor haar neergedaal en het sy inmekaargekrimp toe demone haar verlaat. Alles het 'n paar dae goed gegaan, maar toe keer die pyn terug. "Waarom, Here?" wou sy weet. Sy kon toe aanvoel die Heilige Gees herinner haar aan 'n kamp waarop sy 'n tyd gelede was en waar iemand haar gemaan het om die hoender goed gaar te maak, anders kan mense siek word. Haar antwoord was dat sy nie die volgende paar dae wil siek word nie (die duur van die kamp), maar daarna maak dit nie saak nie. Sy moes die krag van daardie onverskillige woorde eers verbreek voordat sy dadelik beter begin word het.

Seën jou Mond

Ek seën my mond om te sê wat kosbaar is en nie onsin is nie, sodat ek namens die Here kan praat. (Volgens Jeremia 15:19)

Jesus het heelwat wonderdade verrig deur net te praat. Byvoorbeeld: *"Gaan maar huis toe, jou seun lewe"* (Johannes 4:50). Dit is wat ek wil doen. En dis waarom ek my mond seën en waak oor wat daaruit kom.

Ek en my vrou het eenkeer in Nouméa in 'n hotel gebly. Ons kon heelnag 'n baba hoor huil. Ná 'n nag of twee daarvan, is my vrou na langsaan om by die ma te hoor wat skeel. Die ma kon nie sê nie, sy het net vertel die dokter het al 'n derde kursus antibiotikum voorgeskryf, maar niks wou werk nie. Toe my vrou vra of ek vir die baba kon bid, het die ma redelik skepties ingestem. In my baie basiese Frans het ek vir die kindjie gebid en haar ook geseën dat sy "soos 'n baba sou slaap." Wat toe inderdaad gebeur het.

Seën Jou Denke en Gedagtes
Ek sê gereeld:

> *Ek seën my denke; ek deel Christus se denke, my gedagtes is dus Syne. Mag my denke 'n heilige plek wees waarin die Heilige Gees graag bly. Mag dit woorde van kennis, wysheid en openbaring ontvang.*

Ek vind bogenoemde help wanneer onsuiwer gedagtes my by tye las gee. Ek seën ook my verbeelding sodat dit opbouende en inspirerende beelde voortbring. Ek het onlangs nogal probleme gehad met my verbeelding wat wegdwaal na dinge wat nie opbouend is nie. Maar toe druk God my op die hart: *"Sien in jou verbeelding hoe Jesus Sy wonderwerke doen … en verbeel jou dan jy doen dit."* Ek vind dit veel meer effektief om aan iets goeds te dink (Filippense 4:8) as om te moet dink waarvan ek moet wegbly! Om jou eie denke, gedagtes en verbeelding te seën, dra by tot heilig lewe.

Toe ek op 'n keer mismoedig voel omdat ek in my gedagtelewe gefaal het, bruis die woorde van 'n ou gesang in my hart op:

Be thou my vision, O Lord of my heart
Naught be all else to me save that Thou art
Thou my best thought by day or by night
Waking or sleeping, Thy Presence my light.

Seën Jou Liggaam
Ken jy die teksvers *"'n Vrolike mens is 'n gesonde mens…"* (Spreuke 17:22)? Die Bybel sê daarmee dat ons liggaam op positiewe woorde en gedagtes reageer:

Ek seën my liggaam. Vandag is ek sterk en gesond en ek seën my liggaamlike welsyn.

Ek het eenkeer 'n video gesien oor iemand met 'n ernstige hartprobleem. Sy hartomleiding was verstop.

Hy seën toe sy are vir sowat drie maande lank en noem hulle ontsagwekkend en wonderbaarlik – die beskrywing van ons liggaam in Psalm 139:14. Met sy volgende besoek aan die dokter ontdek hulle hy het wonderbaarlik 'n nuwe omleiding!

Ek dag toe ek moet dit met my vel beproef. In my jeug het ek sonskade opgedoen en nou is daar klein groeisels op my skouers en rug wat ek elke paar maande moet laat afvries. Ek besluit dus om my vel te seën. Om te begin, seën ek dit bloot in die Naam van Jesus. Maar daarna lees ek iets oor die wonder aard van ons vel wat my perspektief verander. Ek kom tot die besef dat hoewel ek daarmee bedek is, weet ek nie veel oor die grootste orgaan aan my liggaam nie. Ek het al *daaroor* gepraat, maar nog nooit *daarmee* nie. En ek twyfel of ek ooit iets positief daaroor te sê gehad het – ek het net gekla. Heel ondankbaar.

Vel is egter verstommend. Dit is 'n lugverkoeling- en reiningingstelsel. Dit beskerm die liggaam teen kieme wat dit binnedring, en genees vanself. Dit bedek en beskerm al ons inwendige dele met uitmuntendheid.

Dank God vir vel – gesonde gladde vel. Ek seën jou, vel.

Ná verskeie maande van hierdie soort seën, is my vel nou byna genees. Wat die deurslag gegee het, was toe ek dit begin waardeer en dankbaar daarvoor geraak het. Eintlik het ek 'n les geleer: 'n gekerm stoot die Koninkryk van God weg, maar dankbaarheid trek dit aan.

Hier volg 'n getuienis van my vriend, David Goodman:

'n Paar maande gelede het ek Richard oor die saak van seën hoor preek – 'n redelik gewone onderwerp wat my egter diep getref het, weens sy besondere benadering. Dit kom daarop neer dat 'n seën nie iets hoef te wees wat ons vir God vra om te doen nie nie. Trouens, ons as Christene het die gesag, die outoriteit – om nie te praat van die verantwoordelikheid nie – om seën in hierdie gebroke wêreld uit te dra. Ons is Christus se ambassadeurs wat ten bate van die Koninkryk van God 'n impak op die lewe van ander mense

maak. Ons kan uitreik en hulle lewens seën, en terselfdertyd Christus aan hulle openbaar.

Hierdie gedagte is piekfyn waar dit ander mense aanbetref, maar dit was asof ek teen 'n baksteenmuur vasloop toe ek myself wou seën. Ek kon nie die gevoel afskud dat ek onwaardig is nie, dat ek selfsugtig is en God as vanselfsprekend aanvaar. Ek het egter van mening verander toe ek begin insien dat ons, as Christene, nuut geskape en wedergebore is vir 'n doel wat God vir ons beplan het. Derhalwe moet ons die liggaam wat ons het soos 'n kosbare kleinood bewaar en versorg – ons is mos 'n tempel waarin die Heilige Gees altyd woon.

Daarop het ek 'n kort eksperiment aangepak. Ek sou elke dag wanneer ek wakker word, 'n liggaamsdeel seën – dit bedank vir die werking daarvan, en aanprys omdat dit 'n goeie taak verrig. Ek sou my vingers prys omdat hulle so rats is, so behendig met al die take wat van hulle vereis word en nog meer. Ek sou my bene prys en bedank vir hul getroue werk om my te vervoer, hul ratsheid, en vir my bene se vermoë om goed saam te werk. Trouens, ek het my hele liggaam geprys omdat alle dele so mooi saamwerk. Toe gebeur iets vreemds.

Aangesien ek fisiek en geestelik soveel beter gevoel het, kon ek begin aandag gee aan 'n pyn in my onderarm wat toe al 'n paar maande pla. Dit was of dit binne-in die been pyn en ek moes my arm kort-kort vryf om die aanhoudende geklop minstens gedeeltelik te verlig. Ek fokus toe op daardie plek en prys my liggaam vir sy genesingsvermoë, vir taaiheid om alle uitdagings te oorkom en vir die ondersteuning van ander liggaamsdele terwyl een aan die genees is. Slegs sowat drie weke later word ek die oggend wakker en besef my arm is nie meer seer nie, die pyn was skoonveld. Dit het ook nie weer teruggekeer nie.

Ek het tot die besef gekom dat hoewel daar 'n plek en tyd is om deur geloof die gawe van genesing ten bate van ander uit te oefen. Maar daar is vir onsself ook geleentheid om die gawe van genesing vir onsself aan te gryp. Dit leer ons in nederigheid vertrou dat God met ons wedergeboorte ook aan ons 'n nuwe liggaam geskenk het sodat ons met vertroue 'n nuwe leefwyse kan aanpak.

Ek het talle getuienisse ontvang van fisiese genesing na seën uitgespreek is. Lees gerus by www.richardbruntonministries.org/testimonies.

Seën Jou Huis, Huwelik en Kinders

Jou Huis – 'n Tipiese Seën
Dit is 'n goeie gedagte om jou huis te seën en om daardie seëning ten minste een keer jaarliks te hernu. Om die plek waar jy woon te seën, beteken bloot dat jy jou geestelike gesag in Christus Jesus gebruik om daardie plek aan die Here op te dra en toe te wy. Daardeur nooi jy die Heilige Gees binne en dwing alles uit wat nie van God kom nie.

'n Huis bestaan nie net uit bakstene en messelklei nie

– dit het ook 'n persoonlikheid. Net soos jy tans wettige toegang tot jou huis het, het vorige eienaars ook wettige toegang tot jou huis of eiendom gehad. Daar het vooorheen moontlik dinge gebeur wat seën of vervloeking tot gevolg gehad het. Dit maak nie saak wat ookal gebeur het nie, jy dra die gesag om die geestelike atmosfeer in jou tuiste te bepaal. Indien daar weens die vorige eienaar demoniese aktiwiteit plaasgevind het, sal jy dit bes moontlik aanvoel – en dan het jy die gesag om hierdie magte uit te dryf.

Jy moet natuurlik oorweeg of jy nie self onwetend aan demoniese magte toegang tot jou huis gee nie. Besit jy heidense skilderye, artefakte, boeke, musiek of DVD's? Watter TV-programme kyk jy? Watter internet materiaal hou jy dop? Is daar persone in die huis wat doelbewus of gereeld dinge doen wat die Bybel as sonde beskryf?

Jy kan die volgende eenvoudige seën uitspreek terwyl jy van vertrek tot vertrek deur jou huis loop:

> *Ek seën hierdie huis, ons tuiste. Ek verklaar dat hierdie huis aan God behoort, ek dra dit aan*

God op en plaas dit onder die heerskappy van Jesus Christus. Dit is 'n huis vol seën.

Ek verbreek elke vloek in hierdie huis deur die bloed van Jesus. In die Naam van Jesus neem ek heerskappy oor ieder en elke demoon en beveel hul om pad te gee en nooit weer terug te keer nie. Ek werp elke gees van stryd, tweedrag en onenigheid uit. Ek werp ook die gees van armoede uit.

Kom, Heilige Gees kom. Wis alles uit wat nie van U afkomstig is nie. Vul hierdie huis met U teenwoordigheid. Bring U vrug voort: liefde, vreugde, vrede, geduld, vriendelikheid, goedhartigheid, getrouheid en selfbeheersing. Ek seën hierdie huis met vrede en liefde in oorvloed. Mag almal wat hier kom bewus wees van U teenwoordigheid en geseën word. In Jesus se Naam, amen.

Ek stap ook langs die grense van my eiendom terwyl ek dit seën en geestelik die bloed van Jesus aanwend om so die eiendom en almal daarin teen alle boosheid of natuurramp te beskerm.

Jou Huwelik

> 'n Mens kry die soort huwelik wat jy seën of die soort huwelik wat jy vervloek.

Toe ek die eerste keer hierdie stelling lees in *The Power of Blessing* deur Kerry Kirkwood, was ek nogal geskok. Is dit waar?

Ek het baie daaroor nagedink en reken hierdie woorde is grootliks waar – enige ongelukkigheid in ons huwelik of met ons kinders is omdat ons hulle nie seën nie! Deur te seën, ontvang ons in volle maat God se goedheid – insluitend 'n lang lewe en gesonde verhoudings. Ons word dan ook self deelgenote, oftewel vennote, van wat en wie ons seën.

Waak teen vervloekings. 'n Egpaar ken mekaar so goed en ken elke teer snaar. Sê jy soms iets soos die volgende? Of word dit ooit vir jou gesê? "Jy luister nooit." "Jy't 'n vrot geheue." "Jy kan nie kook nie." "Jy's hopeloos met…" "Hoekom doen jy altyd…?" Wanneer hierdie soort woorde gereeld gesê word, verander hulle in vervloekings en word waar.

Moenie vloek nie, maar seën. Onthou indien jy vervloek (verdoemende woorde, "doods" woorde sê) gaan jy nie die seën ontvang wat God se wil vir jou is nie. Die ergste is dat vloeke onsself meer benadeel as vir die een oor wie ons dit spreek. Dis miskien een rede wees waarom gebede nie beantwoord word nie?

Seën en vloek is soos tuin natmaak met 'n tuinslang – water spat ook op jou.

Om te leer seën, kan wees soos om 'n nuwe taal aan te leer. Aanvanklik mag dit 'n bietjie vreemd voel, dus volg 'n voorbeeld:

Nicole, ek seën jou in die Naam van die Vader, die Seun en die Heilige Gees. Ek stel al God se goedheid oor jou vry. Mag God se liefdevolle wil vir jou lewe vrug dra en vervul word.

Ek seën jou gawe om spontaan kennis te maak met ander en hulle lief te hê, jou gawe van gul gasvryheid. Ek seën jou gawe om ander op hul gemak te stel. En benoem jou tot God se gasvrou omdat jy mense op Sy manier ontvang. Ek seën jou met energie om jou gawes tot in jou ryp jare uit te leef. Ek seën jou met gesondheid en 'n lang lewe. Ek seën jou met die olie van vreugde.

Jou Kinders

Daar is talle maniere om 'n kind te seën. Ek seën byvoorbeeld my vierjarige kleindogter soos volg:

Ashley, ek seën jou lewe. Mag jy 'n wonderlike, Godvresende vrou word. Ek seën jou met helder denke vir die res van jou lewe. Ek seën jou met wysheid en insig in al jou besluite. Ek seën jou liggaam om rein te bly tot jy trou. Ek seën jou met krag en gesondheid. Ek seën jou hande en voete om die werk te doen wat God vir jou beplan het. Ek seën jou mond. Mag jy opbouende woorde van waarheid en bemoediging spreek. Ek seën jou hart om getrou aan die Here te bly. Ek seën die lewens van jou toekomstige man en julle kinders, met voorspoed en harmonie en vrede. Ek is lief vir alles wat jy is, Ashley, en trots om jou oupa te wees.

Waar 'n kind op die een of ander gebied swaar kry,

kan ons hom of haar toepaslik seën. Indien iemand sukkel om te leer, kan ons sy of haar verstand seën om lesse te onthou en te begryp. Waar een geboelie word, kan ons hom of haar seën met beskerming, met wysheid, en om te groei in statuur en aansien. En ook dat God en die ander kinders se guns op hul rus.

Ek onthou 'n vrou wat die Heer opreg liefhet met wie ek oor haar kleinseun gesels het. Alles wat sy oor hom te sê gehad het, het op sy foute, sy rebelse houding en gedragsprobleme op skool gefokus. Hy is na 'n kamp gestuur om hom op die regte pad te kry, maar die kampleiers het hom terug huis toe gestuur omdat hy so handuit ruk.

Nadat ek 'n ruk geluister het, moes ek die vrou daarop wys dat sy onbedoeld haar kleinseun vervloek deur hoe sy oor hom praat. Sy hou hom met haar woorde gevange. Sy het dadelik haar negatiewe woorde oor hom gestaak en hom gereeld doelbewus geseën. Haar man, die seun se oupa, het haar voorbeeld gevolg. Binne 'n kwessie van dae was daar so 'n ommekeer by die seun dat hy kon teruggaan na die kamp waar hy van toe af in sy element was. Praat van 'n deurbraak – danksy die wonderbaarlike krag van seën!

Een van die wonderlikste dinge wat 'n pa aan sy kinders kan gee, is 'n vaderlike seën. Ek het daarvan geleer uit *The Father's Blessing* deur Frank Hammond, 'n besonderse boek. Sonder 'n vaderlike seën is daar altyd 'n gevoel by 'n kind dat iets ontbreek – daar is 'n groot leegte wat deur niks anders gevul kan word nie. Vaders, lê die hande op jul kinders en ander familielede (deur byvoorbeeld jou hand op een se kop of skouer te sit) en seën hulle gereeld. Ontdek dan die goeie dinge wat God vir jou sowel as vir hulle wil doen.

Waar ek ook al hierdie boodskap deel, vra ek vir volwasse mans en vroue: "Hoeveel van julle hier se pa het ooit vir julle hande opgelê en julle geseën?" Net hier en daar steek iemand hand op. Dan vra ek dit andersom: "Hoeveel van julle hier se pa het *nog nooit* sy hande op julle gelê en jul geseën nie?" Byna almal steek dan hand op.

Daarop vra ek dan of hulle my sal toelaat om op

daardie oomblik vir hulle 'n geestelike pa te wees – 'n substituut – sodat ek hulle in die krag van die Heilige Gees kan seën met die seëning wat hulle nooit ontvang het nie. Die respons is oorweldigend: trane, bevryding, vreugde, genesing. Net fantasties!

As jy hunker na 'n pa se seën, soos met my die geval was, spreek dan die volgende seën hardop oor jouself uit. Dit is 'n seën uit Frank Hammond se boek wat ek aangepas het.

'n Vaderlike Seën

Ek is lief vir jou, my kind. Jy is 'n gawe van God aan my. Ek dank God dat Hy my toelaat om vir jou 'n pa te wees. Ek het jou lief en is trots op jou.

Ek vra dat jy my moet vergewe vir die dinge wat ek gesê en gedoen het om jou seer te maak. Asook vir alles wat ek nie gedoen het nie, vir die woorde wat jy wou hoor, maar wat ek nooit gesê het nie.

Ek verbreek en verwerp elke vloek wat weens my sondes, die sondes van jou ma en van jou voorouers, op jou bly rus het. En ek loof God vir Jesus wat aan die kruis 'n vloek geword het sodat ons verlos kon word van elke vloek, en die seën kon vasgryp.

Ek seën jou met die heling van al jou hart se wonde – wonde van verwerping, verwaarlosing en misbruik. In Jesus se Naam verbreek ek die krag van alle wrede en onregverdige woorde wat oor jou uitgespreek is.

Ek seën jou met vrede in oorvloed, die vrede wat net die Prins van Vrede kan skenk.

Ek seën jou met 'n vrugryke lewe. Jou hele lewe dra jy oorvloed vrugte wat blywend is.

Ek seën jou met sukses. Jy is die kop en nie die stert nie; jy is bo en nie onder nie.

Ek seën die gawes wat God jou geskenk het. Ek

seën jou met wysheid om goeie besluite te neem en jou volle potensiaal in Christus te bereik.

Ek seën jou met vrede – Jesus se vrede wat verstand te bowe gaan bewaak jou hart en gedagtes.

Ek seën jou met voorspoed in oorvloed sodat jy vir ander tot seën kan wees.

Ek seën jou met geestelike invloed, want jy is die lig van die wêreld en die sout van die aarde.

Ek seën jou met diep geestelike insig en dat jy elke dag saam met Jesus stap. Jy sal nie struikel of val nie, want die Woord van God is 'n lamp voor jou voete en 'n lig op jou pad.

Ek seën jou om na mense te kyk met Jesus se oë – net soos Jesus hul sien.

Ek seën jou om die goud in ander te ontgin en te vier, en nie die steenkool nie.

Ek seën jou om God in jou werkplek in te nooi, sodat jy kan getuig, sodat jy 'n voorbeeld van naasteliefde en integriteit is. En ook dat jy God met uitmuntende en kreatiewe werk verheerlik.

Ek seën jou met goeie vriende, dat jy die guns van God en jou medemens geniet.

Ek seën jou met oorvloedige liefde in ruime maat sodat jy God se genadeliefde aan ander kan oordra, sodat jy God se vertroostende liefde na ander uitdra. Jy is geseënd, my kind! Jy is geseënd met alle geestelike seëninge in Christus Jesus. Amen!

Getuienisse Oor die Waarde van 'n Vaderlike Seën

Die vaderlike seën het my verander. Ek het nog nooit in my lewe voorheen 'n preek met so 'n boodskap gehoor nie. Ek het nie 'n biologiese pa in my lewe gehad wat sulke woorde oor my kon spreek nie. God het jou gebruik, Richard, om my te bring by 'n punt waar ek nodig gehad het om te bid om 'n geestelike pa te kry wat 'n vaderlike seën oor my lewe kon uitspreek. Toe jy die pa-tot-seun-seën uitspreek, is my hart vertroos en nou is ek geseënd en gelukkig. – Pastor Wycliffe Alumasa, Kenia

Dit was 'n lang, moeilike pad om my weg te vind deur depressie. Dis 'n stryd wat op verskeie fronte gestry word – in jou gemoed, siel en liggaam. Genesing van die verlede se wonde was die sleutel tot genesing. Daarmee saam was die allerbelangrikste stap voorwaarts om my pa te vergewe. Nie net vir die skadelike dinge wat hy in die verlede gedoen het nie, maar veel eerder vir wat hy nié gedoen het nie – vir sy emosionele koudheid. Dit was soos 'n emosionele blokkade. Hy kon geen liefdevolle, deernisvolle, emosionele woorde uiter nie – al het my siel gesmag om dit te hoor het my pa nooit gese hy is lief vir my nie.

Danksy die vergifnis en innerlike pad van genesing het my depressie opgelig, tog het ek steeds las gehad van fisieke simptome – hoofsaaklik prikkelbarederm-sindroom. My dokter het medisyne en 'n dieet voorgeskryf wat effens gehelp het. Ek is egter meegedeel dat dit net die simptome sal beheer, maar nie die toestand genees nie.

My vriend Richard vertel toe van die vaderlike seën en die uitwerking wat dit op verskeie ander gehad het. Die gedagte daaraan het iets in my gees geroer. Ek het verstaan dat hoewel ek my pa vergewe het vir die leemte wat hy gelaat het, kon ek die leegheid nog nooit werklik vul of my siel se hunkering stil nie.

Maar toe gebeur dit. Terwyl ons een oggend in 'n kafee ontbyt eet, tree Richard in my pa se plek op en seën my as 'n seun. Die Heilige Gees het op my neergedaal en daardie hele dag by my gebly. 'n Lieflike ervaring waarin my smagtende siel uiteindelik vrede gevind het.

'n Onverwagte gevolg was egter dat die simptome van my prikkelbarederm-sindroom heeltemal verdwyn het. Ek kon my medisyne en die dokter se dieet staak. My liggaam is genees toe my siel se smagting vervul is. – Ryan

> *Ek het die "vaderlike seën" hardop gelees en oor myself uitgeroep. Ek kon skaars 'n woord uitkry – het net gehuil en gehuil en gevoel hoe die Here my genees. My eie pa het my net altyd gevloek en tot sy dood negatief oor my gepraat. Ek het vrygelaat gevoel. – Mandy*

Die vaderlike seën het 'n betekenisvolle impak gehad waar ek dit ook al uitgespreek het. Lees gerus al die getuienisse by www.richardbruntonministries.org/testimonies en kyk na 'n video oor die Vaderlike Seën by www.richardbruntonministries.org/resources.

Seën Ander Deur die Profetiese te Openbaar

Die voorbeelde wat ek gee, kan die profetiese in jou gees vrylaat. Nogtans is dit goed om die Heilige Gees se hulp te vra om jou soos die mond van God te laat word sodat jy God se spesifieke wil of die regte woord op die regte tyd kan spreek. Aktiveer jou gees deur in tale te bid of te lofprys indien die situasie dit toelaat.

Gebruik gerus van die modelle hierbo, maar vertrou dat die Heilige Gees jou sal lei. Luister na Sy hartklop.

Jy begin miskien weifelend, maar die Heer se liefdehart sal wel deur jou mond vloei.

Seën Jou Werkplek
Blaai terug na Deel 1 en pas die seën wat ek oor my werkplek uitgespreek het by jou omstandighede aan. Wees oop vir wat God jou wil wys – Hy wys miskien vir jou ook op ander aspekte wat seën nodig het. Seën is nie 'n soort towerspreuk nie. God sal byvoorbeeld nie mense iets laat koop wat hul nie nodig het of nie wil hê nie. Nog minder sal God luiheid en oneerlikheid seën. Maar as jy aan Sy voorwaardes voldoen – as jou motiewe suiwer is, behoort jy jou besigheid te seën. Dan help God jou om jou besigheid te neem vanwaar dit tans is tot waar Hy wil hê dit moet wees. Luister vir Sy raadgewing, of die raad van mense wat Hy na jou stuur. Wees oop daarvoor. Maar verwag terselfdertyd Sy guns, want Hy het jou lief en wil hê jy moet sukses behaal.

Ben Fox getuig:

> *My marknis in die eiendomsbedryf het die*

afgelope paar jaar veranderings ondergaan met 'n beduidende insinking in my soort besigheid. Ek is na verskeie mense om vir my werk te bid aangesien aanvraag na my dienste so afgeneem het dat ek bekommerd en angstig geraak het.

Ongeveer dieselfde tyd, vroeg in 2015, het ek mnr. Brunton se reeks preke gehoor oor hoe 'n mens jou werk, besigheid, gesin en ander belange kan seën. Tot op daardie stadium was my gebede daarop gefokus om vir God te vra om my te help. Die gedagte aan self 'n seën uitspreek, was vir my vreemd, maar ek kan nou insien dat dit oral in die Bybel staan. Ek weet ook ons is deur God geroepe en het Sy volmag om dit in die Naam van Jesus te doen. Daarom het ek my werk begin seën, ek het die woord van God daaroor uitgespreek en Hom daarvoor bedank. Ek het volgehou om my werk elke môre te seën, God terselfdertyd vir nuwe sakegeleenthede te bedank en Hom gevra om kliënte wat ek kon help, na my te stuur.

In die volgende twaalf maande het aanvraag vir my dienste opmerklik toegeneem. Sedertdien kom ek soms skaars deur al die werk wat na my kant toe kom. Ek weet nou hoe ons God by ons alledaagse doen en late kan insluit, en om ons werk te seën, is deel van God se roeping vir ons. Aan God alle eer. Elke dag nooi ek ook nou die Heilige Gees in my werkdag in en vra vir wysheid en skeppende idees. Wat ek veral agterkom, is dat as ek die Heilige Gees vra om my te help om effektief te werk, ek gewoonlik lank voor die verwagte tyd daarmee klaar is.

Dit wil voorkom of die seën en lering oor hoe dit gedoen word, by baie kerke in gebreke bly, want ander Christene met wie ek praat, is ook nie daarvan bewus nie. Vir my is dit nou 'n daaglikse gewoonte om my werk sowel as my medemense, te seën. Ek sien altyd met afwagting uit om die seënvrug te sien in die lewe van mense en die sake wat ek seën volgens die wil van God en in Jesus se Naam.

Seën 'n Gemeenskap

Ek dink hier aan 'n kerk – of soortgelyke instansie – wat die gemeenskap wat dit bedien, seën.

Lede van die .... (gemeenskap), ons seën julle in die Naam van Jesus om God te ken en Sy wil vir jul lewe te ontdek, asook om te besef en verstaan hoe Hy elkeen van julle, jul familie en alle aspekte van jul lewe, seën.

Ons seën elke huishouding in .... (gemeenskap). Ons seën elke huwelik en alle verhoudings tussen familielede van verskillende generasies.

Ons seën jul gesondheid en jul welvaart. Ons seën die werk van jul hande. Ons seën elke heilsame onderneming waarby julle betrokke is. Mag hulle voorspoedig wees.

Ons seën die leerders in jul skole; ons seën hulle om te leer en te begryp wat hulle geleer word. Mag hulle toeneem in wysheid en statuur en God en hul medemens se guns geniet. Ons seën die onderwysers en bid dat hul skool 'n veilige en heilsame plek sal wees waar die onderrig sonder teenkanting in geloof in God en in Jesus kan geskied.

Ons doen 'n beroep op die harte van almal in hierdie gemeenskap. Ons seën hulle om hul oop te stel vir die werking van die Heilige Gees en steeds meer aan die stem van God gehoor te gee. Ons seën hulle met die skatte van die Koninkryk van die hemele wat ons hier in .... (kerk) ervaar.

Hierdie soort seën moet vanselfsprekend by die spesifieke tipe gemeenskap aangepas word. In 'n boerderygemeenskap sou jy die grond en die vee kon seën; indien in 'n gemeenskap erge werkloosheid heers, seën dan die plaaslike besighede om werkgeleenthede te skep. Pas die seën aan by die behoeftes. En moenie jou kwel oor of mense dit verdien of nie! Hulle sal in hul harte aanvoel waarvandaan die seën kom.

Seën die Grond

In Genesis lees ons hoe God die mens seën – Hy gee gesag oor die grond en alle lewende dinge vir die mens en beveel hul om vrugbaar te wees en te vermeerder. Dit was 'n aspek van die mensdom se oorspronklike glorie.

Op 'n onlangse besoek aan Kenia het ek 'n sendeling ontmoet wat straatkinders inneem en hulle van boerdery leer. Hy vertel my toe van 'n Moslemgemeenskap wat beweer het hul grond is vervloek omdat niks daarop wou groei nie. Toe my sendelingvriend en sy Christengemeenskap egter die grond seën, het dit vrugbaar geword. Watter dramatiese bewys van hoe God se krag deur seën vrygestel word.

Nog in Kenia, het ek ook al om die weeshuis geloop wat deur ons kerk ondersteun word, en hul boord, tuin, pluimvee en koeie geseën. (Ek het met uitstekende gevolge al my eie vrugtebome geseën.)

Geoff Wiklund vertel van 'n kerk in die Filippyne wat te midde van 'n ernstige droogte 'n lap kerkgrond geseën het. En daar is hul grond toe die enigste plek wat reën kry. Die naburige boere het uit die slote al om die grens van die kerkgrond vir hul rys kom water skep. Nog 'n besonderse wonderwerk waarin die guns van God deur 'n seën vrygestel is.

Seën die Here
Hoewel ek hierdie saak vir laaste gelaat het, behoort dit eintlik eerste te kom. Ek skryf egter laaste daaroor omdat dit skynbaar nie pas in die model van "roep die wil of guns van God oor iemand of iets op" nie. Wanneer ons God seën gaan dit daaroor om Sy Vaderhart bly te maak met ons waardering en ons dankbaarheid.

Hoe seën ons God? Een manier word in Psalm 103 aangetoon:

> *Loof die Here [Engels: bless the Lord…], o my siel*
> *… en vergeet geeneen van Sy weldade nie!*

Wat is die Here se weldade aan jou siel? Hy het ons

oneindig lief. Hy vergewe, genees, verlos, kroon, bevredig, beskerm, sorg, vernuwe…

Ek maak 'n gewoonte daarvan om elke dag te dink aan wat God in en deur my doen en Hom daarvoor te bedank. Ek dink aan en waardeer alles wat Hy vir my is. Met my waardering en dankbaarheid seën ek Hom, en dit seën my ook! Hoe voel 'n ouer wanneer 'n kind jou bedank vir iets wat jy gedoen of gesê het en dit waardeer? Dit vervul jou met vreugde en maak jou lus om meer vir daardie een te doen.

Finale Woord van 'n Leser

Dit is moeilik om te verduidelik hoe seën my lewe verander het. Ek is nog 'n groentjie daarmee, maar tot dusver het niemand nog geweier toe ek aanbied om hom of haar te seën nie – ek het selfs geleentheid gekry om 'n Moslemman te seën. Wanneer 'n mens aanbied om iemand se lewe te seën, gaan daar 'n deur oop … dit is so 'n eenvoudige manier om die Koninkryk van God in te bring in 'n situasie of in iemand se lewe

> *sonder dat daardie een bedreig voel. 'n Seën uit-*
> *spreek is vir my 'n ekstra, baie spesiale werktuig*
> *in my geestelike gereedskapskis ... dit is asof 'n*
> *deel van my lewe wat voorheen ontbreek het,*
> *nou gevul is... – Sandi*

Finale Woord van die Skrywer
Ek glo die volgende kom van God:

> *Christen, as jy maar kon weet hoeveel gesag jy*
> *in Christus Jesus het, sou jy die wêreld verander.*

TOEPASSINGS

- Dink aan iemand wat jou seergemaak het – vergewe indien nodig, maar gaan dan verder en seën hom of haar.

- Besin oor die dinge wat jy gedurig sê wanneer jy ander of jouself vloek of uitskel. Wat gaan jy daaromtrent doen?

- Skryf 'n seën neer vir jouself, jou huweliksmaat en jul kinders. Spreek dit gereeld oor hulle.

- Wanneer jy saam met iemand anders is, stel jou oop om oor hom of haar te profeteer. Vra God om iets spesifieks te onthul wat vir daardie persoon bemoedigend en opbouend sal wees. Begin oor die algemeen praat, byvoorbeeld: "Ek seën jou in die Naam van Jesus. Mag God se planne en wil met jou lewe vrug dra…" Wag dan en wees geduldig. Onthou Christus vul jou gemoed. Ruil dan rolle om en laat die ander persoon jou profeties seën.

- Laat julle kerk 'n korporatiewe seën opstel wat na jul streek uitreik en almal seën, of seën die sending wat julle reeds onderneem.

SO WORD JY 'n CHRISTEN

Hierdie boekie is vir Christene geskryf. Met "Christene" bedoel ek mense wat "wedergebore" is deur die Gees van God en wat Jesus Christus liefhet en volg.

Die mens bestaan uit drie dele: gees, siel en liggaam. Die geesgedeelte is geskape om 'n heilige God wat Gees is, te ken en mee te kommunikeer. Mense is gemaak vir intimiteit met God, van gees tot Gees. Menslike sonde skei ons egter van God en lei tot die dood van ons gees en verlies aan kommunikasie met God.

Die mensdom neig gevolglik om net uit siel en liggaam te funksioneer. Die siel omvat die intellek, die wil en die emosies. En die nadraai daarvan is vir die wêreld maar al te duidelik: selfsug, trots, gulsigheid, inhaligheid, misdaad, geweld, hongersnood, oorloë. Daar is 'n gebrek aan ware vrede en sinvolheid in die lewe.

God het egter 'n plan gehad om die mensdom te verlos. Want God die Vader stuur Sy Seun, Jesus, wat ook God is, as mens na die aarde om vir ons die wese van God te kom wys – *"as julle My gesien het, het julle die Vader gesien"* – en om die gevolge van ons sonde op Hom te neem. Sy afgryslike dood aan die kruis was van die heel begin beplan en word in detail in die Ou Testament voorspel.

Jesus dra die volle straf vir alle sonde van alle mense op die kruis. 'n Goddelike ruiltransaksie vind by die kruis plaas – al ons sonde en straf word aan Jesus toegeskryf en Jesus se perfektheid word aan ons toegeskryf as ons Jesus aanvaar as ons Verlosser.

God wek Jesus uit die dood op – verlossingswerk is volmaak voltooi. Jesus belowe dat diegene wat in Hom glo, ook uit die dood opgewek sal word om tot in alle ewigheid by Hom te wees. Jesus skenk aan ons die Heilige Gees om altyd in ons te woon. Die Gees is ons Helper, Raadgewer, Trooster, en wys Jesus se Wese en weg aan ons.

Daarin lê dus die essensie van die evangelie van Jesus

Christus. As jy jou sonde beken en bely, glo dat Jesus aan die kruis jou straf op Hom geneem het en dat Hy uit die dood opgewek is, sal Sy perfektheid en heiligheid deel van jou word. Dan stuur God Sy Heilige Gees om jou menslike gees te herskep na die beeld van Jesus – dit is wat dit beteken om wedergebore te wees. Jy sal dan ook in staat wees om God te leer ken en intiem met Hom te kommunikeer – wat trouens die rede is waarom Hy jou geskape het! Wanneer jou fisiese liggaam sterf, sal Christus jou opwek en 'n verheerlikte, onverganklike een gee. Wow!

Terwyl jou lewe hier op aarde voortduur, werk die Heilige Gees (wat ook God is) *in* jou om jou liggaam, denke, emosies meer soos Jesus te maak. Die Gees werk ook *deur* jou om ander tot seën te wees.

Diegene wat verkies om nie te ontvang waarvoor Jesus betaal het nie, sal geoordeel word met al die gevolge daarvan. Dit is nie wat jy wil hê nie.

Bid liewer die volgende gebed. Indien jy dit opreg bid, sal jy wedergebore word.

Dierbare God in die hemel, ek kom na U in die Naam van Jesus. Ek bely voor U dat ek 'n sondaar is. (Bely sondes wat in jou gedagtes opkom.) Ek het opregte berou oor my sondes en die lewe wat ek sonder U geleef het, en het U vergifnis nodig.

Ek glo dat U enigste Seun, Jesus Christus, Sy kosbare bloed aan die kruis gestort en vir my sondes gesterf het. Daarom is ek nou gewillig om weg te draai van my sondes.

In die Bybel (Romeine 10:9) sê U dat ons gered sal word indien ons bely dat Jesus die Here is en in ons harte glo dat God Jesus uit die dood opgewek het.

Ek bely hiermee dat Jesus die Here van my liggaam, siel, gees is. Ek glo dat God Jesus uit die dood opgewek het. En ek aanvaar Jesus Christus nou dadelik as my eie, persoonlike Heiland. Volgens U Woord is ek dus nou onmiddellik gered. Dankie, Here, dat U my so liefhet dat U gewillig was om in my plek te sterf. U is wonderbaarlik, Jesus, en ek het U lief.

Help my asseblief deur U Gees om die mens te word wat U van voor die begin van tyd bestem het ek moet wees. Lei my na medegelowiges en die kerk van U keuse sodat ek in U kan groei. In Jesus se Naam, amen.

Dankie dat jy hierdie boekie gelees het.
Ek ontvang graag getuienisse oor hoe seën
jou lewe verander het, of die lewe van
diegene wat deur jou geseën is.
Kontak my asseblief by:
richard.brunton134@gmail.com

Besoek www.richardbruntonministries.org

Oor die skrywer: Richard Brunton, medestigter van Colmar Brunton in 1981, bou dit op tot Nieu-Seeland se bekendste maatskappy vir marknavorsing. Hy tree in 2014 af en bestee sedertdien sy tyd aan skryf, preek en geestelike bediening in Nieu-Seeland en verder. Hy is ook die skrywer van *Anointed for Work* – 'n uitnodiging na 'n nuwe opwindende en vervullende wêreld waar die wonderbaarlike 'n kragtige impak in die werkplek maak.

www.ingramcontent.com/pod-product-compliance
Lightning Source LLC
Chambersburg PA
CBHW071835290426
44109CB00017B/1827